Sommario

I disturbi di ansia sono sensazioni, talvolta croniche, che coinvolgono milioni di persone. Si tratta di stati d'animo che influenzano l'intero corpo umano, sia a livello fisico sia a livello mentale, e che creano persino l'inibizione nello svolgimento di alcune funzioni. Spesso questo genere di disturbi è legato ad un evento, passato, presente o futuro, che assume il controllo del pensiero del soggetto affetto e che alterano la visione della realtà.

L'ansia viene provocata da avvenimenti passati quando tali accadimenti rappresentano un trauma nella vita di un individuo. Il trauma può essere legato ad una visione, ad un sentimento provato o ad una semplice percezione, ma crea una distorsione della realtà, che a sua volta genera pensieri angosciosi e rimuginazioni ossessive. Se legata ad accadimenti futuri, invece, l'ansia si alimenta con l'insicurezza posseduta dal soggetto. Questi eventi possono essere rappresentati da esami scolastici, da appuntamenti romantici o da gare sportive. In questo caso il soggetto ansioso non è in grado di pianificare il futuro in modo obiettivo, in quanto la presenza di questo evento crea manifestazioni di inquietudine e di preoccupazione. Infine, l'ansia può essere causata dall'insofferenza nei confronti di situazioni quotidiane, che il soggetto è costretto ad affrontare nonostante non si senta in grado di farlo. La mancanza di forza e di vigore è in realtà solo frutto di un'alterazione cognitiva ed è dunque necessario riequilibrare l'apporto energetico all'interno dell'organismo. Questo genere di ansia può essere causato da situazioni spiacevoli all'interno dell'ambito familiare, di quello lavorativo o all'interno dell'ambiente sociale ristretto, che coinvolge amici e conoscenti.

Un'altra causa in grado di scatenare stati d'ansia sono le fobie. Spesso questo genere di paure estreme sono associabili a motivazioni innate, ma non sempre è effettivamente così. Talvolta infatti i timori sono legati ai traumi infantili, magari soppressi all'interno della memoria del soggetto affetto.

L'ansia è uno stato emotivo che genera preoccupazione e disagio, dovuto a situazioni particolari come ad esempio un trauma oppure dovuto ad una reazione del sistema neuronale, amplificata rispetto alla realtà. I soggetti che soffrono di questo stato di ansia, hanno difficoltà a rapportarsi normalmente con gli altri individui, motivo per cui l'ansia non colpisce soltanto chi la vive ma anche le relazioni sociali del soggetto.

Ogni essere umano ha vissuto oppure vivrà nel corso della propria vita una situazione di ansia, che provocherà stati di nervosismo, paura, smarrimento, nei casi più acuti anche depressione e attacchi di panico. Fin dall'adolescenza si prova quella sensazione di fastidio nello stomaco a causa delle prime cotte amorose, ma nell'età adulta l'ansia può essere ricondotta anche a situazioni lavorative o familiari. Vi sono situazioni che generano ansia positiva, utile per affrontare tali situazioni con maggiore tenacia, come ad esempio l'ansia prima di un esame, prima di un incontro di lavoro importante.

Il problema sorge nel momento in cui un individuo soffre costantemente di disturbi di ansia, in ogni gesto della vita, non riuscendo più ad agire lucidamente.

1.1 – I disturbi dell'ansia

L'ansia può provocare tutta una serie di disturbi ad essa connessi che possono trasformarsi in una vera e propria patologia se non trattati nel modo corretto e più idoneo. I principali disturbi connessi all'ansia possono essere comportamentali, cognitivi o fisici.

I disturbi cognitivi dell'ansia si ripercuotono sulla vita quotidiana, attraverso continue sensazioni negative, un senso di vuoto mentale apparentemente incolmabile, paura costante di pericoli. Per questo motivo vengono posti in atto comportamenti volti a proteggere se stessi da ogni evento esterno che potrebbe rivelarsi pericoloso. Ciò si traduce nella modifica dei propri comportamenti.

A livello comportamentale, l'ansia induce il soggetto ad evitare tutte le situazioni che potrebbero generare ansia o preoccupazioni, tentando dunque di aggirare i problemi o cercando espedienti per soffrire meno lo stato ansioso, come assumere antidepressivi oppure farsi accompagnare da altri soggetti per garantirsi maggiore tranquillità. Tuttavia tali comportamenti altro non sono se non una via di fuga dalla realtà, che in questo modo non viene affrontata in modo diretto ma aggirata.

Tutto ciò, inevitabilmente genera disturbi anche a livello fisico. I sintomi fisici provocati dall'ansia sono generalmente palpitazioni, dolore al torace, difficoltà respiratorie, nausea, vertigini, sudorazione, tremore e agitazione, scoraggiamento.

Le palpitazioni possono presentarsi sotto diverse forme, quali il cardiopalmo e l'aritmia. La forma più diffusa di aritmia è la tachicardia, che può essere accentuata dall'uso di caffeina, nicotina o alcol. Le palpitazioni possono essere percepite nel petto ma anche nel collo e nella gola, anche a riposo, ossia senza svolgere una qualsiasi attività fisica che comporti uno sforzo. Generalmente si tratta di un disturbo psicosomatico, che non rappresenta una reale patologia, ma che può diventare insostenibile da chi lo prova in quanto non gli permette di affrontare la quotidianità della vita normalmente.

In stati di forte ansia può presentarsi un forte dolore toracico, senza però comportare alcun disturbo cardiaco, che può nascere da disturbi gastroesofagei o dalla respirazione toracica. Il soggetto ansioso dunque interpreta tale disturbo come una grave patologia, risentendone ulteriormente a livello mentale. In realtà invece, situazioni stressanti e difficili possono alterare i livelli di adrenalina nel corpo, velocizzando tutti i meccanismi e anche il battito cardiaco, senza celare alcuna patologia. L'adrenalina infatti aiuta l'organismo a reagire meglio in determinate situazioni. Il dolore che si prova al petto è causato da attacchi di panico e reazioni esagerate. Solitamente questo dolore si manifesta in modo acuto, insieme a sensazioni di bruciore, intorpidimento e rigidità del petto: si ha la sensazione di avere un peso nel torace, un macigno che opprime e schiaccia, impedendo quasi di respirare. In realtà il cervello reagisce all'ansia e allo stress generando autodifese, attraverso una maggiore contrazione dei muscoli, che è generalmente la causa di tale problema.

La difficoltà a respirare è un ulteriore problema causato dall'ansia. I soggetti ansiosi infatti non riescono ad attuare una corretta respirazione addominale, e il respiro avviene mediante la respirazione pettorale o toracica, provocando uno sforzo dei muscoli intercostali, che subiscono una forte contrazione e generano la sensazione di non riuscire a respirare. Tuttavia chi soffre di ansia non è in grado di capire che questo disturbo è legato alla tipologia di respirazione, e dunque non sarà in grado di controllarlo, aumentando il livello di ansia ancora di più.

Quando si soffre di ansia, le contrazioni dello stomaco diventano irregolari, e possono provocare episodi di nausea. Ne risente dunque la funzione digestiva e anche quella alimentare, in quanto la nausea viene vista come sintomo di qualcosa di più grave, generando così ulteriore ansia che può degenerare in attacchi di panico. Nei casi più acuti la nausea può trasformarsi in vomito.

Anche le vertigini sono uno dei sintomi maggiormente diffusi che l'ansia può provocare. Le vertigini sono alterazioni della percezione sensoriale, che generano confusione, stordimento e capogiri, frutto di un'illusione di movimento del proprio corpo o della realtà circostante. L'ansia può accentuare notevolmente queste sensazioni negative, peggiorando l'intero quadro del soggetto che ne soffre.

Anche i tremori sono molto frequenti nei soggetti che soffrono di stati di ansia, e consistono in movimenti oscillatori di determinate parti del corpo, provocati da contrazioni involontarie dei muscoli.

Quando si è in presenza di stati di forte ansia o stress, la temperatura corporea tende ad innalzarsi, motivo per cui sono frequenti episodi di sudorazione. Tale aumento della temperatura corporea è dovuto alla maggiore quantità di adrenalina e noradrenalina presente nell'organismo, che generano un aumento del metabolismo e il conseguente aumento del calore e la produzione di sudorazione.

Chi soffre di ansia, si sente spesso scoraggiato e incapace di vivere la realtà nel modo corretto, sentendosi incapace di affrontarla. Proprio per questo l'ansia, pur non essendo una patologia vera e propria, può portare a conseguenze negative per il soggetto che ne soffre, in quanto può farlo sprofondare in un baratro del quale egli non vede la fine.

Gli stati di ansia possono alcune volte degenerare e portare a delle complicazioni, quali ad esempio il disturbo d'ansia generalizzato e gli attacchi di panico.

Questi disturbi rappresentano l'evoluzione di tutti i sintomi precedentemente decritti, pur variando da persona a persona. Il soggetto che soffre di questi stati di ansia ha la sensazione di impazzire, si sente impotente e ha paura di morire. Alle volte questa paura è una vera e propria "paura della paura", che non fa che incrementare il livello di stress psicologico che l'ansia provoca. Per questo motivo non è facile guarire dall'ansia e riprendere in mano la propria vita.

1.2.1 – Il disturbo d'ansia generalizzato

Il disturbo d'ansia generalizzato (DAG), non è semplicemente uno stato di ansia, e consiste nella continua sensazione di essere sotto pressione anche senza una ragione reale e nella preoccupazione costante che possa succedere qualcosa di negativo. Chi soffre di questo disturbo vive queste sensazioni per la maggior parte delle giornate, per periodi prolungati: anche il semplice pensiero di affrontare la giornata genera ansia e fobia.

Pur riconoscendo di avere un problema e di reagire in modo estremamente eccessivo in svariate situazioni, i soggetti che soffrono di tale disturbo non danno importanza al loro problema, evitando di affrontarlo e compromettendo così ulteriormente la propria quotidianità. Infatti viene influenzata sia la giornata che la notte: il sonno è irregolare, alle volte totalmente assente, creando stress anche a causa della stanchezza derivante dal non dormire. L'insonnia deriva dai pensieri e dalle preoccupazioni che non abbandonano mai la mente del soggetto. Tutto ciò si traduce in sintomi fisici che vanno dalle vampate di calore ai tremori, dalla rigidità muscolare all'irritabilità. La sensazione di vuoto e di inappropriatezza provocano difficoltà respiratorie e nausea, nodo alla gola e continua sensazione di dover andare in bagno, continua e costante stanchezza e spossatezza, paura e maggiore suscettibilità ad eventi normali, fino alla depressione.

A differenza degli altri soggetti che soffrono di ansia, chi presenta invece il disturbo d'ansia generalizzato non tende ad evitare le situazioni che potrebbero generare problemi o difficoltà, tuttavia tale patologia può portare il soggetto in uno stato di debilitazione fisica e mentale tale da non essere più in grado di svolgere alcuna mansione personale, familiare o lavorativa.

Generalmente la manifestazione di tale disturbo avviene in modo graduale, solitamente durante l'infanzia o l'adolescenza, ma può presentarsi anche in altri momenti della vita, ed è maggiormente diffuso fra le donne. La diagnosi non è semplicissima, in quanto solo un terzo di coloro che ne soffrono si rivolgono realmente ad uno specialista della psiche per ottenere una cura, optando invece per i medici di base, i gastroenterologi, i cardiologi, ossia altre figure che invece non sono affatto utili a tal fine. In ogni caso, la diagnosi si basa sulla presenza per un periodo di ameno 6 mesi di una eccessiva preoccupazione per problemi apparentemente banali della vita, accompagnata da malessere fisico e mentale.

La terapia per la guarigione da questo disturbo è ancora in via sperimentale, ma sono utili gli antidepressivi e altre tipologie di farmaci specifici, tuttavia sarà lo specialista a valutare quella più indicata per ogni paziente. Anche la terapia cognitivo-comportamentale può rivelarsi molto utile per combattere questa patologia, attraverso esercizi di rilassamento muscolare, apprendimento dell'autocontrollo e rilascio di tutte le tensioni.

Coloro che soffrono di uno stato di ansia, possono in determinati casi arrivare a soffrire anche di attacchi di panico. Gli attacchi di panico colpiscono improvvisamente e in modo ripetuto, senza alcun segnale anticipatorio, e generano nel soggetto che ne viene colpito un vero e proprio stato di terrore. L'impossibilità di prevedere il momento in cui questi attacchi si verificheranno provoca una forte angoscia, in quanto si teme che possano manifestarsi quando ci si trova in pubblico, oppure quando ci si trova da soli.

Quando si presenta un attacco di panico, si vive una vera e propria agonia, con svariati sintomi quali dolore al petto, sudorazione, difficoltà a respirare, aumento del battito cardiaco, nausea e confusione. La paura di un evento negativo imminente peggiora il quadro generale. In alcuni casi gli attacchi si concludono con la perdita di coscienza del soggetto. Le crisi non si verificano soltanto nel momento in cui si vivono momenti di difficoltà o situazioni stressanti, ma possono presentarsi anche di notte durante il sonno, in quanto il soggetto si trova in un perenne stato ansioso. La durata di ogni attacco varia dai 2 minuti ad un massimo di 10 minuti, tuttavia vi sono dei rari casi nei quali si protraggono per anche un'ora o più. Non vi è un'età per soffrire di attacchi di panico, infatti possono presentarsi in qualunque momento della vita, dall'infanzia all'età avanzata, ma sono tuttavia maggiormente diffusi fra le donne rispetto agli uomini.

Avere un attacco di panico non significa essere malati, può infatti verificarsi una sola volta e poi non ripetersi, ciò a causa di una situazione particolarmente stressante. Tale disturbo si trasforma in una patologia reale nel momento in cui è costante nella vita del soggetto che ne soffre, e se non trattato con le corrette modalità può diventare debilitante e limitare le attività della vita.

Gli attacchi di panico possono portare il soggetto a sviluppare altri problemi, proprio a causa della sua condizione, quali la depressione oppure una dipendenza da alcol o da altre sostanze. Possono svilupparsi inoltre delle fobie e delle paure che prima non si provavano, legate magari ai luoghi nei quali si sono manifestati gli attacchi. Determinati soggetti proprio per questo si convincono che sia meglio vivere in condizioni peggiori rispetto a prima, pur di evitare che gli attacchi si ripresentino, rinunciando a confort o situazioni prima neutre, come l'uso dell'automobile, l'uso degli ascensori, la frequentazione di locali affollati o addirittura uscire di casa. Altri soggetti continuano a vivere la propria vita nello stesso modo, ma non sono in grado di affrontare determinate situazioni da soli e per questo hanno bisogno della presenza costante del partner o coniuge oppure di una persona della quale si fidano totalmente.

La vita di chi soffre di attacchi di panico è dunque completamente condizionata, al punto da portare il soggetto a soffrire anche di una forma di agorafobia, ossia la paura di trovarsi in spazi aperti o chiusi non familiari, dunque fuori dal proprio controllo, che provoca la necessità di trovare una via di fuga. Tale disturbo è un vero e proprio problema sociale, che porta il soggetto in una sorta di isolamento dal quale è difficile uscire senza un valido aiuto terapeutico.

Le terapie utili per curare questo disturbo devono necessariamente essere valutate da medici specialisti del campo, e solitamente si basano su un sostegno psicoterapeutico accompagnato dalla somministrazione di farmaci. Anche la terapia cognitivo-comportamentale è fondamentale per combattere gli attacchi di panico, e si basa su tecniche di respirazione e controllo delle situazioni che potrebbero scatenare un attacco. Una delle tecniche cognitivo-comportamentali più efficaci è la cosiddetta "esposizione", che consiste nell'esporre gradualmente i pazienti alle situazioni delle quali essi hanno paura, per insegnare loro ad affrontarle pian piano e superarle.

1.3 – La correlazione tra ansia e fobie

Quando l'ansia si manifesta con disturbi insistenti e costanti, sotto forma di disturbo d'ansia generalizzato o attacchi di panico, è possibile che si sviluppino anche svariate fobie ad essa connesse. Le fobie rappresentano paure legate a determinate situazioni o determinati oggetti che in realtà non rappresentano un vero pericolo. Chi sviluppa le fobie vive un forte disagio che altera la percezione della realtà, generando ulteriore stress e ansia. Le fobie possono essere divise principalmente in tre tipologie, ossia le fobie specifiche, le fobie sociali e l'agorafobia.

Molti individui sono affetti da paure specifiche, ossia hanno una fobia connessa ad una determinata situazione o ad un determinato oggetto. Le fobie specifiche più comuni sono quelle legate ai luoghi chiusi, alle altezze, al volare, alle gallerie, alle ferite che sanguinano, ai batteri e ai microbi, ai cani. Si tratta di paure irrazionali, difficilmente controllabili, e anche se il soggetto che ne è affetto si rende perfettamente conto di questa irrazionalità, non riesce comunque ad evitare di star male e avere un attacco di panico e una forte ansia.

Circa una persona su dieci soffre di fobie specifiche, e la maggiore diffusione si ha anche in questo caso fra le donne. Le fobie possono svilupparsi a qualunque età, nell'infanzia ma anche in età adulta. Se una fobia specifica si è manifestata da bambini, vi è maggiore probabilità che essa scompaia con la crescita, anche se ciò non sempre avviene. Infatti non è chiaro come mai in alcuni soggetti le fobie passino da sole, mentre in altri persistano anche con il passare degli anni.

La terapia cognitivo-comportamentale può essere fondamentale per combattere le fobie specifiche, ma sono numerosi i casi in cui chi ne è affetto non si rivolge ad uno specialista, ma cerca di superarle a modo suo: se è possibile evitare le situazioni o gli oggetti che generano timore e paura, si pensa di poter controllare la fobia ed evitare che essa si manifesti, non ricorrendo dunque ad alcun supporto esterno. Tuttavia questa non può essere considerata una valida soluzione per guarire dalle fobie specifiche, in quanto prima o poi si presenterà nuovamente il problema o comunque la propria vita sarà influenzata dal fare o non fare una determinata cosa, dal non frequentare un determinato luogo.

Uno degli approcci terapeutici più validi è quello della "desensibilizzazione sistematica", che consiste nel portare in modo graduale il soggetto a confrontarsi con una situazione similare a quella che lo terrorizza, fino a che la fobia non sparisce. Chi si sottopone a questa terapia ottiene risultati positivi nel 75% dei casi, grazie anche ad esercizi di respirazione e di rilassamento muscolare, che sono molto utili per attenuare l'ansia. Non esistono farmaci per le fobie specifiche, tuttavia è possibile somministrare a colore che soffrono di tali disturbi degli altri farmaci in grado di agire sull'ansia per attenuarla.

1.3.2 – Le fobie sociali

Le fobie sociali riguardano la difficoltà di determinate persone di relazionarsi con gli altri individui, nei confronti dei quali si prova costante imbarazzo. Questa fobia, anche detta sociofobia, si presenta solitamente nella prima adolescenza, ma permane anche con la crescita. Chi soffre di questo disturbo è convinto di essere l'unica persona a non sapere affrontare determinate situazioni, come ad esempio parlare in pubblico o interagire con gli altri individui, anche se non è la realtà. Ciò porta la persona a chiudersi in se stessa, per evitare l'imbarazzo dovuto alla sensazione di avere tutti gli occhi puntati addosso. Questo atteggiamento viene spesso scambiato per timidezza, ma con essa non ha niente a che vedere, in quanto chi è timido può sì sentirsi a disagio in presenza di altre persone, ma non vive una vera e propria angoscia al solo pensiero di doverle incontrare. Non tutti i sociofobici sono timidi, infatti possono essere perfettamente a loro agio in compagnia, tranne in determinate situazioni o circostanze.

Tuttavia la sociofobia può rendere la vita molto difficile e può portare il soggetto che ne è affetto a compromettere la propria carriera lavorativa proprio a causa della fobia di parlare in pubblico o di interagire con soggetti terzi, e inoltre l'ansia che anticipa questi eventi può debilitare totalmente il soggetto.

Anche coloro che sono affetti da questa tipologia di fobia si rendono conto che le loro paure e ansie non hanno ragione di esistere, ma sono incapaci di controllarle in quanto al solo pensiero di dover affrontare un evento sociale perdono totalmente la testa. Nel caso in cui le situazioni oggetto di fobia vengano comunque affrontate, l'ansia continua anche successivamente, in quanto in quel momento prevarrà l'interrogativo relativo al giudizio degli altri.

La terapia consigliata per i pazienti affetti da sociofobia è quella cognitivo-comportamentale, accompagnata nei casi più difficili da quella farmacologica, sempre dietro prescrizione medica. Circa l'80% di coloro che si sottopongono a queste terapie riescono a vincere la propria fobia e riprendere il controllo della propria vita. La strada per la guarigione è comunque molto complessa, ed è fondamentale che il soggetto abbia una grande forza di volontà.

1.3.3 – L'agorafobia

L'agorafobia è la terza tipologia di fobie più diffusa, e rappresenta la paura degli spazi aperti nei quali non si ha il controllo delle situazioni. Il termine "agorà" significa infatti "piazza", e veniva utilizzato per indicare la piazza come luogo di incontro e di aggregazione. L'agorafobia dunque può essere anche descritta come la paura di frequentare luoghi affollati dai quali non si riesce a vedere una via di fuga in caso di pericolo o allerta. Generalmente chi soffre di questo disturbo soffre anche di ansia e attacchi di panico, che fanno sviluppare questa paura in modo più forte.

Il soggetto agorafobico tende ad evitare tutte le situazioni che potrebbero provocargli panico, come trovarsi ad un concerto o in un locale affollato, guidare, salire su un autobus o su un aereo, passare sopra ad un ponte o prendere l'ascensore. Tutto ciò tende con il passare del tempo ad alterare la quotidianità e la qualità della vita, con ripercussioni sia personali, sia lavorative che sociali.

L'agorafobia può essere sia connessa ad un disturbo da panico, sia non legata ad altri tipi di disturbi. In entrambi i casi la terapia utile alla guarigione è sempre quella cognitivo-comportamentale, che è volta ad educare il soggetto ad affrontare le situazioni che potrebbero generare panico e stress. Anche la psicoterapia può essere fondamentale per la cura dell'agorafobia, mentre i farmaci sono benefici solo nel breve termine.

1.4 – Quando l'ansia si trasforma in una patologia vera e propria: i disturbi ossessivi-compulsivi

Quando l'ansia diventa la padrona della vita di una persona, ogni situazione può essere vissuta con un'angoscia tale da richiedere una vera e propria preparazione psicologica e mentale prima di affrontarla. In questi casi si può parlare di disturbo ossessivo-compulsivo.

I disturbi ossessivo-compulsivi provocano nel soggetto che ne è affetto livelli di ansia molto elevati, che il soggetto tenta di calmare con specifici rituali in realtà insignificanti. Possono essere svariate le situazioni oggetto di tale problema, ma in generale esse provocano disgusto ed eccessivo timore in coloro che ne soffrono. Si parla di ossessioni e compulsioni, anche se alcune volte tali disturbi vengono per errore chiamati manie o fissazioni. Le ossessioni riguardano immagini e pensieri negativi che ricorrono continuamente nella mente del soggetto, mentre le compulsioni rappresentano i riti messi in atto per sconfiggere tali pensieri. Una delle ossessioni maggiormente diffuse è quella relativa alla fobia di germi e batteri, che porta dunque a lavare continuamente le mani. Un altro disturbo ossessivo può essere identificato come la necessità di verificare una determinata cosa ripetutamente, come ad esempio controllare se si è chiuso il gas oppure la porta a chiave. Viene diagnosticato il disturbo quando queste attività occupano almeno un'ora durante la giornata, interferendo con la quotidianità della vita. I soggetti adulti che soffrono di tale disturbo si rendono conto che le loro azioni sono prive di senso e non risolveranno i loro problemi, tuttavia non possono fare a meno di compierle comunque, mentre i bambini che soffrono di tale patologia non se ne rendono conto.

Anche questa tipologia di disturbi può presentarsi in qualsiasi fase della vita di un individuo, dall'infanzia all'età adulta, e colpisce circa il 2% della popolazione, in egual misura fra uomini e donne. Il decorso dei disturbi non è però omogeneo, e può variare da un soggetto ad un altro, tuttavia incide notevolmente la predisposizione familiare.

I disturbi ossessivo-compulsivi possono essere accompagnati anche da altre complicazioni, come l'alcolismo, il tabagismo, la depressione e i disturbi dell'alimentazione.

1.4.1 – I disturbi post-traumatici da stress

I disturbi post-traumatici da stress (PTSD) si presentano in seguito ad un avvenimento sconvolgente e drammatico al quale il soggetto è stato sottoposto. La terribile esperienza vissuta fa sprofondare il soggetto in una profonda crisi, con pensieri e ricordi negativi che ritornano continuamente e costantemente alla mente, rendendo la persona emotivamente arida nei confronti di chi la circonda, soprattutto verso coloro che fino a quel momento le erano più vicini.

Questo tipo di disturbo fu trattato inizialmente per i veterani di guerra, e veniva infatti chiamato disturbo da esplosione o da combattimento. Attualmente però è noto che le cause possono essere anche differenti da fatti traumatici avvenuti durante una guerra. I disturbi post-traumatici da stress possono infatti derivare da calamità naturali quali terremoti o alluvioni, da incidenti in auto, in treno o comunque di grave entità, da fatti violenti quali rapine, stupri, sequestri, aggressioni e torture. Anche se un evento non viene vissuto in prima persona, ma il soggetto è ad esempio testimone di una tragedia causata da un attentato terroristico o da un incidente aereo, si può manifestare un disturbo di questo tipo, a causa dello shock provocato dalla tragedia alla quale si è assistito inermi, senza poter fare niente per evitarla.

Chi soffre di disturbi post-traumatici da stress continua a rivivere il momento del trauma, con incubi e pensieri ricorrenti durante la giornata e durante la notte, arrivando anche a soffrire di insonnia, di depressione e di apatia. L'umore del soggetto viene totalmente stravolto, esso infatti può diventare facilmente irritabile e molto nervoso, totalmente distaccato dalle cose della vita e da ciò che avviene intorno a lui, perdendo ogni interesse e diventando in alcuni casi più estremi persino violento. Per evitare di riportare alla mente il fatto, chi soffre di tali disturbi tende ad evitare di frequentare luoghi o persone che possano in qualche modo ricordargli dettagli del trauma. Quando si avvicina il momento delle ricorrenze di questi fatti, il soggetto viene assalito dall'angoscia.

I sintomi e la loro entità possono variare a seconda del soggetto e a seconda dell'avvenimento che ha generato il disturbo post-traumatico, ma in generale sono più accentuati e violenti quando lo shock è stato provocato dall'azione di una persona piuttosto che da altre tipologie di eventi. L'esempio principale di questo meccanismo è lo stupro, che cambia radicalmente chi lo subisce in modo quasi irreparabile. Lo stupro è un fatto drammatico per qualsiasi individuo, e lo è ancora di più se subito tra l'infanzia e l'adolescenza, in quanto la crescita avverrà segnata da tale dramma. Chi subisce questa violenza può tendere nel primo periodo a reagire come se lo stupro fosse stato subito da un'altra persona, proprio per il fatto che la propria mente attiva un meccanismo di autodifesa del soggetto. Successivamente i ricordi e i flashback iniziano a sopraggiungere sempre più frequentemente, fino a fargli rivivere totalmente quel momento. In quegli istanti il soggetto perde il contatto con la realtà, rivivendo la tragedia per qualche secondo, ma tale periodo può protrarsi anche per qualche giorno. Per questo motivo ogni fatto o elemento, che all'apparenza non ha nulla a che vedere con quel determinato evento traumatico, non fa altro che richiamarlo attraverso immagini, odori, suoni, colori.

Nella maggior parte degli altri avvenimenti che provocano disturbi post-traumatici da stress, la probabilità che si sviluppi una sintomatologia di questo tipo non è molto alta, tuttavia non è assente, pur essendo appunto diffusa soprattutto fra le vittime di stupro.

Per trattare i disturbi post-traumatici da stress è necessario intraprendere un percorso insieme ad medico specialista psicoterapeuta, che indicherà la giusta terapia farmacologica da accompagnare alla terapia cognitivo-comportamentale. Soprattutto in questi casi è fondamentale anche il sostegno della famiglia e degli amici.

1.4.2 – I disturbi associati: l'alcolismo e il tabagismo

Non tutti i soggetti che soffrono di disturbi di ansia si limitano a quella problematica:

alcuni di essi infatti sviluppano anche una serie di disturbi associati come la depressione, l'alcolismo, il tabagismo e disturbi legati all'alimentazione.

Si definisce alcolismo l'abuso di bevande alcoliche, in modo continuato e ripetuto. L'abuso di alcol incide negativamente sulla sfera neuronale, generando dei meccanismi simili a quelli dei disturbi post-traumatici da stress, provocando ansia e paura nel soggetto, che tuttavia continuerà a vedere nell'alcol la via d'uscita a questo stato, continuando così ad abusarne. L'alcol è dunque al tempo stesso conseguenza e causa dei disturbi di ansia. Quando il soggetto soffre di depressione, stress o ansia, è maggiormente predisposto all'abuso di alcol in quanto è più fragile mentalmente. Per questo motivo il cervello percepisce l'alcol come elemento positivo, proprio a causa delle strutture cerebrali più evolute, che dunque si attiveranno favorevolmente nei confronti del segnale generato dalla necessità di bere.

Uscire da tale stato è molto complesso, soprattutto senza un valido sostegno esterno. Si rende alle volte necessario "ricoverare" il soggetto in strutture specifiche per curare i disturbi di alcolismo, in quanto soltanto con il distacco dal mondo esterno sarà possibile tornare alla vita normale senza più ricadere nella dipendenza. Oltre a ciò è fondamentale il supporto psicoterapeutico, per imparare a gestire anche l'ansia.

Anche la dipendenza dalla nicotina può essere strettamente connessa con l'ansia. Spesso chi fuma è convinto che nei momenti di ansia accendere una sigaretta serva come calmante. Invece è il contrario, in quanto solo riducendo la dipendenza dal fumo i livelli di ansia e nervosismo potranno diminuire. L'assunzione di nicotina è un fattore negativo per il soggetto che soffre di disturbi di ansia, infatti tende a peggiorare i disturbi che esso può manifestare, soprattutto la sensazione di avere difficoltà a respirare. I livelli di ansia e stress sono decisamente più elevati nei soggetti che fumano per ridurre lo stress piuttosto che nei soggetti che fumano per piacere. Tuttavia vi sono numerosi studi che dimostrano che smettere di fumare riduce i livelli ansiogeni in entrambe le tipologie di fumatori.

Pur non essendo grave quanto l'alcolismo, anche smettere di fumare richiede un notevole sforzo e grande forza di volontà, soprattutto nei soggetti affetti da patologie come l'ansia e la depressione. Per questo motivo può rendersi necessario rivolgersi a specialisti che possano aiutare in questo percorso.

1.4.3 – La depressione e i disturbi dell'alimentazione

Se un individuo soffre di ansia, può arrivare in alcuni casi anche alla depressione, soprattutto se alla base del disturbo vi sono fatti negativi come ad esempio la perdita di una persona cara, la perdita del lavoro, una crisi familiare o economica. In questi casi il soggetto si sente triste, sconfortato, incapace di andare avanti con la propria vita normalmente. Non è stata provata scientificamente la correlazione fra l'ansia e la depressione, ma i casi clinici e la dottrina medica hanno evidenziato come è molto frequente che chi soffre di uno dei due disturbi spesso soffre anche dell'altro. Molti tendono a confondere i sintomi dei due disturbi, pur trattandosi di due patologie ben distinte. Tuttavia, i disturbi d'ansia possono generare problemi depressivi, provocando una reazione di causa-effetto continua. Ad esempio un soggetto che soffre di ansia sociale, può arrivare alla depressione a causa dell'incapacità di relazionarsi e al conseguente isolamento, dunque in questo caso è l'ansia ad influire sulla depressione e pertanto sarà proprio l'ansia a dover essere trattata in via primaria. Se invece un soggetto è affetto da una forma di depressione grave che lo induce in uno stato ansioso, è la depressione ad incidere sull'ansia e pertanto sarà essa a dover essere trattata principalmente.

Quando si soffre di ansia, è possibile sviluppare anche disturbi dell'alimentazione. I disturbi del comportamento alimentare (DA) sono caratterizzati da un rapporto con il cibo distorto e sbagliato, accompagnato da un'ossessione per il peso e la forma fisica. Questa tipologia di disturbi è maggiormente diffusa negli adolescenti di genere femminile.

I disturbi dell'alimentazione maggiormente diffusi sono l'anoressia, la bulimia e il disturbo dell'alimentazione incontrollata. La vita delle persone che soffrono di un disturbo alimentare viene totalmente sconvolta, in quanto per essi tutto ruota intorno al cibo e al terrore di prendere peso e ingrassare. L'ansia aumenta quando esse devono presenziare ad una cena fuori dalla propria casa, ossia una situazione nella quale non possono avere il controllo.

L'ossessione per quello che si mangerà è costante durante la giornata, anche lontano dai pasti. È molto bassa la percentuale di coloro che in presenza di tali disturbi chiedono aiuto, e lo fanno alle volte quando il disturbo è già in una fase avanzata e le condizioni fisiche e psichiche hanno subito un crollo. Comune ad ogni tipologia di disturbo alimentare è la visione distorta del proprio corpo, che rende il soggetto non obiettivo rispetto alla realtà. Chi soffre di anoressia ad esempio, allo specchio vedrà sempre una figura non abbastanza magra, con troppa pancia, con i fianchi larghi, oppure con le cosce grosse. Chi soffre di bulimia percepisce il proprio peso come estremamente eccessivo a causa della mancanza di controllo sul cibo, incrementando così i livelli di ansia.

Tutto ciò può portare a compiere atti di autolesionismo, a volte estremi, che culminano con la perdita della vita a causa di uno stato mentale ormai totalmente irreale e difforme, peggiorato da ansia e depressione. Per curare tali disturbi, che oltre alla sfera psichica colpiscono gravemente anche quella fisica, è necessario un supporto mirato: vi sono dei centri di riabilitazione che accompagnano il malato nel percorso di "rinascita", rieducandolo al cibo nel modo corretto, accompagnando la terapia con il sostegno psichiatrico.

Capitolo 2 – Come gestire l'ansia

Chi soffre di ansia e disturbi associati spesso è incapace di gestire il proprio problema. Tuttavia, con un'adeguata terapia la maggior parte di essi trarrebbe notevoli benefici sia fisici che mentali. Le terapie più diffuse si basano sull'utilizzo di farmaci e sul supporto psicoterapeutico. È importante specificare che i farmaci non servono per la guarigione del soggetto affetto da ansia, bensì possono rivelarsi utili per alleviare i disturbi che essa provoca. Il continuo evolversi della medicina e della scienza ha fatto sì che siano a disposizione nel mercato farmacologico una grande varietà di farmaci ansiolitici, dunque se un determinato soggetto non avrà benefici dall'impiego di un determinato farmaco, si potrà optare per un altro con principi differenti. La terapia farmacologica non deve essere fai da te, in quanto altrimenti potrebbero verificarsi ulteriori complicazioni. È fondamentale la prescrizione di un medico specialista della psiche per intraprendere un percorso terapeutico di questo tipo, che vigilerà costantemente sulla salute del soggetto con le giuste precauzioni.

Accanto alla terapia farmacologica, è di fondamentale importanza il supporto psicoterapeutico, soprattutto quello basato sulla terapia cognitivo-comportamentale. Questo genere di terapia è volta a correggere i comportamenti involontari che si attivano in determinate situazioni, nelle quali il paziente non è in grado di reagire in modo corretto, per evitare di stare male e avere una crisi di panico e ansia. L'esempio più significativo è quello della respirazione: il paziente viene aiutato ad apprendere la tecnica della respirazione diaframmatica, che consiste nel respirare lentamente e profondamente, e consente di ridurre le palpitazioni e tutti gli altri sintomi provocati dall'ansia. Con la terapia comportamentale i pazienti devono anche imparare a gestire i disturbi di ansia e panico nel caso essi si presentino anche una volta superati. In alcuni casi possono essere indicate anche terapie comportamentali di gruppo.

La prima cosa da fare quando si ritiene di soffrire di ansia è rivolgersi al proprio medico di base, che potrà aiutare a capire se si tratta realmente di ansia oppure di qualche altra patologia. Egli sarà dunque in grado di individuare la figura medica indicata per i casi specifici. Gli specialisti più adeguati sono gli psichiatri e gli psicoterapeuti.

2.1 – Capire i motivi che hanno fatto scaturire l'ansia

L'ansia è uno dei disturbi più diffusi nell'epoca moderna, a causa dell'incertezza lavorativa e familiare, e colpisce un numero sempre maggiore di persone. Essa genera preoccupazione, disagio, paura, tensione, come se si dovesse affrontare un attacco imminente proveniente dall'esterno, al quale il soggetto teme di non essere in grado di reagire. Chi soffre di ansia è dunque estremamente vulnerabile in qualsiasi situazione, dunque ha paura di qualcosa di indefinito. Proprio per questo motivo, è difficile capire quali siano i motivi che hanno fatto scaturire lo stato ansioso.

È fondamentale ricordare che l'ansia è un meccanismo naturale che si avvia per consentire al soggetto di far fronte a determinate situazioni, grazie all'aumento dell'adrenalina che serve come spinta motivazionale. Quando però la mente trasforma un problema risolvibile nella realtà in una situazione di pericolo e disagio, ci si trova in presenza di sofferenza da ansia: l'ansia non è più uno stimolo ma diviene una patologia.

Non è chiaro come l'ansia possa svilupparsi e prendere il sopravvento nella vita dell'individuo, tuttavia recenti studi hanno evidenziato la possibilità che tale meccanismo sia influenzato da un circuito neuronale che collega il setto laterale del cervello con altre strutture cerebrali che influenzano l'ansia. Si tratta di uno studio sperimentale, ben lontano ancora dal raggiungere una formulazione medica, e soprattutto da una cura farmacologica specifica.

È importante capire quali siano i fattori scatenanti dell'ansia, e per farlo è necessario indagare e analizzare la vita e la salute del soggetto. Innanzitutto influisce notevolmente la presenza di malattie croniche: chi soffre di malattie croniche come diabete, ipertensione, asma, malattie cardiache, è molto più vulnerabile all'ansia, proprio a causa della paura per il decorso della propria malattia. Anche i disturbi della tiroide possono influire negativamente sull'ansia. L'ansia può derivare anche da cambiamenti nella vita, o da situazioni che generano stress, come ad esempio la perdita del lavoro, il parto, un trauma, una violenza, un incidente, la scomparsa di una persona cara, dunque se si è in presenza di una di tali situazioni è possibile che il livello di ansia aumenti notevolmente, proprio a causa dello stress provocato dal fatto vissuto. L'ansia può manifestarsi anche successivamente ad un evento traumatico, che ha lasciato un segno profondo. Traumi e fobie possono infatti essere le principali cause di ansia, e per poterle superare è necessario riconoscerle e affrontarle, con un supporto terapeutico adeguato.

Quando si vive un evento drammatico di pericolo, l'essere umano può riportare una profonda ferita interiore, difficile da guarire. Il nostro sistema è fatto per reagire a queste situazioni, per generare un meccanismo di difesa che sia in grado con il tempo di far superare il trauma subito e riprendere in mano la propria vita. Tuttavia, non sempre ciò accade: se il trauma è troppo forte, o semplicemente se il soggetto non riesce ad uscirne da solo, è necessario l'intervento di uno specialista, che lo guiderà in un percorso terapeutico studiato proprio per superare il proprio trauma.

Lo stesso avviene quando il soggetto soffre di fobie specifiche, nelle quali la paura è estrema e insensata, ma egli non è in grado di controllarla, motivo per cui fa di tutto per evitare quella determinata situazione o quell'oggetto. Evitare però non è positivo, in quanto ogni volta che verrà evitato il pericolo oggetto della propria fobia non si farà altro che alimentare ulteriormente la convinzione che tale fobia sia più che fondata, facendo crescere la paura e la sfiducia nelle proprie capacità di reazione.

Il primo passo da compiere per superare l'ansia in queste situazioni è quello di affrontare le proprie paure, riconoscere le fobie e i traumi che alimentano l'ansia e sconfiggerli. Dietro alle nostre paure si nasconde sempre qualcosa di non visibile, di interiore ad ognuno, che si esprime poi con l'ansia. Dunque è fondamentale capire cosa non vada nel sistema di ognuno, per imparare a gestire al meglio le situazioni che potrebbero generare ansia e paura. Per sconfiggere le fobie e superare i traumi è necessaria una forza di volontà importante, con l'aiuto di specialisti medici, che saranno in grado di stilare un piano terapeutico personale. Ma se non vi è la volontà del soggetto, se egli non decide di affrontare i propri limiti, allora la riuscita della guarigione sarà molto più complessa.

È naturale per tutti gli individui sentirsi fuori luogo in determinate situazioni, provare stress, ansia e disagio. Il motivo di tale sensazione è dovuto alla scarsa autostima che spesso si ha di sé stessi e delle proprie capacità confrontate con quelle degli altri.

Il concetto di autostima si basa appunto sul confronto fra l'Io Reale percepito, ossia come ci si vede e come si pensa di essere e di apparire, e l'Io Ideale, ossia come si vorrebbe essere ai propri occhi e a quelli degli altri. Più queste due figure saranno differenti, tanto più basso sarà il proprio livello di autostima, con conseguente ansia, stress, disagio e tristezza. Al contrario, se l'Io Reale si avvicina a quello Ideale, allora si proverà una sensazione di gioia e soddisfazione che accrescerà la propria autostima.

Ogni individuo dovrebbe sempre mantenere alta la propria autostima, per evitare di sprofondare in momenti di ansia e sconforto e trovarsi a non riuscire a fronteggiare gli eventi della propria vita lavorativa e personale. Per fare ciò, si dovrebbe valorizzare maggiormente la propria persona, oppure ridurre le pretese di perfezione verso sé stessi, in entrambi i casi con il fine di ridurre il gap fra l'Io Reale percepito e l'Io Ideale. Di solito l'Io Ideale è eccessivamente distante da come realmente si è o da come si vive, ma la perfezione non potrà mai essere raggiunta, e per questo motivo le aspettative saranno disattese, provocando una sensazione di fallimento. Una situazione di questo tipo porta il soggetto a soffrire di ansia e di attacchi di panico, in quanto si sente sempre inadeguato in ogni situazione della vita, si preoccupa costantemente del pensiero degli altri e di come da questi viene visto e considerato, con ripercussioni negative sui suoi rapporti sociali.

L'ansia si scatena nel momento in cui si teme che possa verificarsi una situazione di pericolo, oppure nel momento in cui ci si sente esposti a qualcosa che non si ritiene di saper affrontare. Tuttavia non sempre questa percezione è reale e fondata, bensì è frutto delle paure e dei timori insiti nella mente del soggetto ansioso, che per evitare imbarazzo o vergogna tende ad isolarsi, consolidando ogni giorno di più la percezione negativa di sé.

Se l'autostima cresce, diminuiranno le situazioni in grado di provocare ansia, in quanto il soggetto non avrà più tanto timore di affrontarle, proprio grazie alla ritrovata fiducia nelle proprie capacità. Il percorso è complesso, ma può essere la giusta via per sconfiggere l'ansia e riprendere in mano il controllo della propria vita.

L'overthinking, ossia il pensiero ruminativo, è uno dei fattori che generano maggiore ansia, e consiste nel pensare troppo e in modo quasi ossessivo alle cose negative vissute nel passato. Questo fenomeno è maggiormente diffuso fra le donne, che sono più inclini a ripensare a ciò che è accaduto o a ciò che hanno vissuto, in quanto tendono a prendersi troppo sul serio in determinate circostanze.

Il cervello umano è per natura predisposto ad attività di pensiero anche elevata, tuttavia i pensieri non sono divisi in più comparti stagni all'interno di esso, bensì sono contenuti tutti insieme, dunque quando si è di cattivo umore basta una piccola cosa per far venire alla luce tutti quelli negativi. Quando si crea questa spirale negativa il soggetto è dominato dall'ansia e dal senso di impotenza. Quando il cervello pensa troppo, i livelli di cortisolo nell'organismo aumentano, facendo così aumentare lo stress e gli stati di ansia e depressione, arrivando anche a far trasfigurare le situazioni positive impedendo che abbiano un esito positivo.

Quando si viene assaliti dai pensieri negativi, può essere utile tentare di concentrarsi su altre cose o dedicarsi ad altre attività, per svagare la mente e distrarsi. Anche prendersi una pausa rigenerante può aiutare. Altresì l'esercizio fisico può aiutare a liberare la mente e ridurre la negatività, soprattutto praticandolo all'aria aperta. L'arte aiuta a non farsi assalire dai pensieri negativi, in particolare la scrittura, la pittura, ma anche la musica, grazie alla creatività che il soggetto deve mostrare.

Capitolo 3 – Trasformare l'ansia
in energia positiva

Quando si soffre di ansia, ogni cosa viene
vista come un pericolo che ci spaventa e ci
terrorizza, tuttavia ci si vergogna di tale
stato e si tende a nasconderlo a chi ci sta

accanto. Ciò che non si pensa è che attorno a noi c'è un numero altissimo di persone che si comporta nello stesso modo, per non far trasparire il proprio stato ansioso. Per avere il coraggio di chiedere aiuto però spesso è necessario un evento scatenante, come un attacco di panico, che finalmente fa scattare una sorta di allarme nell'organismo, spingendo il soggetto a decidere di riprendere in mano la propria vita fino ad allora dominata dall'ansia. Per fare ciò è importante imparare a capire la propria ansia, ascoltarla e gestirla, anche con l'aiuto di un professionista specializzato. Spesso si vive costantemente con l'ansia per il semplice fatto che si è abituati a tale stato, che viene visto come "normale", a volte a causa di esempi in famiglia. Per questo è fondamentale capire che origine ha avuto l'ansia, per iniziare a rendersi conto di non aver perduto il senno, bensì di avere vissuto situazioni o esperienze che hanno generato questi disturbi. L'ansia si manifesta solitamente con un sintomo fisico, come ad esempio la mancanza del respiro, un dolore al petto, o una stretta allo stomaco, tuttavia dietro a questi sintomi si nasconde sempre un pensiero inconsapevole che ha generato nella mente una sensazione di paura e che ha fatto manifestare il sintomo fisico.

L'ansia non è dunque improvvisa, nonostante si manifesti in modo più acuto quando meno la persona se lo aspetta: essa è insita interiormente da molto tempo, si è consolidata e rafforzata, e ad un tratto si fa sentire più forte, fa sapere al soggetto che è presente, e può farlo in modo più o meno forte. Se questa voce sa essere ascoltata, l'ansia non sarà più un fattore bloccante ma potrà essere trasformata in energia positiva utile ad affrontare con maggiore determinazione le situazioni più difficili.

Se l'ansia non supera determinate soglie di intensità perde dunque il carattere negativo e può avere una sua utilità nella vita del soggetto che prova questa sensazione. L'ansia moderata, anche detta arousal, permette di affrontare le situazioni con determinazione grazie all'innalzamento dei livelli di adrenalina, mentre l'ansia intensa impedisce di vivere serenamente la vita.

Tuttavia si parla di un'emozione comune, pertanto essa non è né positiva né negativa, ma la sua evoluzione dipende dalla predisposizione del soggetto. L'ansia di solito serve per due motivi, per mantenere alti i livelli di allerta e per registrare nella mente il ricordo di un determinato evento. L'adrenalina serve per rimanere vigili, e fa sviluppare una reazione di "Fight or flight", intesa come "combatti o scappa", per aiutare la mente a decidere quale sarà la mossa di reazione all'evento di pericolo. Quando un evento che ha generato ansia viene impresso nella mente, esso porta con sé un carico di emozioni forte, ed è proprio grazie a questo ricordo che si vivranno le situazioni simili in modo differente, traendo esempio da quella originaria. Quindi se analizzata da questo punto di vista, l'ansia dovrebbe aiutare il soggetto ad affrontare tutte le situazioni difficili e di pericolo. Tuttavia la mente umana non reagisce proprio così, infatti vive le situazioni che generano ansia come qualcosa di insormontabile e impossibile da affrontare.

Imparando a gestirla e a governarla, l'ansia può trasformarsi in una sensazione positiva utile per capire se si va nelle giusta direzione.

3.1.1 – Ridere fa bene

Negli ultimi anni numerose ricerche scientifiche hanno dimostrato come determinati meccanismi biologici trasformino la risata in benefici per l'organismo. Inoltre, uno stato mentale positivo riduce la possibilità che insorgano malattie polmonari o cardiache, diabete o altre infezioni. A livello cardiaco, la risata è in grado di stimolare l'espansione del rivestimento interno dei vasi sanguigni, ossia l'endotelio, favorendo in tal modo il passaggio del sangue, come avviene quando si pratica esercizio fisico.

Spesso si pensa che la serietà in una persona sia sinonimo di affidabilità, maturità e responsabilità, e si vede una persona sempre allegra come immatura e superficiale. Questa considerazione è totalmente infondata ma soprattutto errata, in quanto saper ridere ed essere positivi anche quando la situazione diventa difficile aiuta ad essere più flessibili ed elastici.

Ridere permette di sviluppare la curiosità e la creatività, di aprire la mente sotto ogni punto di vista. L'umore ne risente positivamente, e dunque anche l'ansia diminuisce, con meno stress e paure. Quando si soffre di ansia, stress, depressione e attacchi di panico, le difese immunitarie si abbassano notevolmente, e dunque il soggetto è maggiormente vulnerabile ed esposto alle malattie: la risata può essere una terapia, in quanto fa innalzare i livelli delle difese immunitarie dell'organismo; essa apporta benefici sotto diversi aspetti, a livello circolatorio, a livello cardiovascolare e neurologico.

Proprio per queste motivazioni è sempre maggiormente diffusa la terapia del sorriso, praticata anche negli ospedali attraverso la clown-terapia, soprattutto con i bambini. La terapia del sorriso serve a portare allegria in coloro che vivono una vita difficile o sono gravemente malati. Ridere rafforza inoltre i rapporti sociali con gli altri, dunque il beneficio non riguarda soltanto la persona ma anche le sue relazioni e le persone che con essa interagiscono quotidianamente. La terapia della risata è molto importante anche per coloro che sono affetti da sociofobia e ansia, per aiutarli ad uscire dalla spirale negativa.

3.2 – Gli sport e la danza come terapia più efficace dei farmaci

Alcuni studi hanno evidenziato come l'ansia possa addirittura incidere sulle aspettative di vita degli individui. In realtà non si tratta di una correlazione diretta, ma legata essenzialmente agli stili di vita portati avanti dai soggetti ansiosi. Nello specifico questi individui hanno abitudini alimentari inadeguate, accompagnate da una percentuale di svolgimento dell'attività fisica decisamente bassa o completamente nulla.

In realtà lo sport, ed in particolare la danza, aiutano in maniera significativa i soggetti ad allontanare gli stati d'ansia e a prevenirli. Il motivo principale risiede nel fatto che sport e danza hanno lo scopo di ricercare l'armonia e di raggiungere determinati obiettivi e richiedono particolare concentrazione. Questo significa che è necessario svuotare la mente per focalizzare l'attività di tutto il sistema centrale nervoso e di quello scheletrico-muscolare al fine di arrivare agli scopi prefissati.

Generalmente lo sport incrementa il livello di benessere fisico e influenza positivamente persino il benessere spirituale. Questo induce ad una regolarizzazione delle funzionalità corporee che vengono stimolate costantemente durante l'intero intervallo di tempo dedicato allo svolgimento dell'attività fisica. Il raggiungimento del benessere generale può essere ottenuto solamente se i tessuti vengono rilassati e le tensioni allentate, che equivale ad un indebolimento dello stato d'ansia.

Lo sport inoltre attiva un processo di ottimizzazione del peso corporeo e il miglioramento dello stato di salute generico, che però deve essere accompagnato dalla modifica dello stile di vita: oltre alla cura dell'alimentazione è necessario non ricorrere più al tabacco, alla droga e ai farmaci superflui.

Un ulteriore vantaggio che deriva dallo svolgimento dell'attività fisica si riferisce alla possibilità di allacciare rapporti interpersonali, in grado di alleviare l'ansia. Le relazioni sociali sono infatti molto importanti nella vita di un soggetto, specialmente di uno afflitto da disturbi d'ansia. Allacciare rapporti di questo genere aiuta a scaricare le tensioni e a sfogare le proprie frustrazioni, oltreché creare legami che potrebbero aiutare a superare situazioni particolarmente difficoltose.

3.3 – La forza di volontà per contrastare gli stati d'ansia

I disturbi e i sintomi provocati dall'ansia possono creare situazioni inibitorie durante le quali il soggetto appare come incapace di saper reagire. Se considerata e assecondata l'ansia può creare conseguenze davvero spiacevoli. Per questo motivo è importante adottare delle tecniche che contrastino gli stati ansiosi e che ottimizzino la forza di volontà. Proprio da quest'ultima, infatti, derivano le energie necessarie per affrontare le problematiche causate da questo genere di disturbo.

Le tecniche per ottimizzare la forza di volontà agiscono in maniera diretta sull'ego del soggetto ansioso e devono essere portate avanti in maniera costante, quotidianamente. Il primo esercizio è quello di imporre al proprio corpo alcune attività, anche banali, in grado di influenzare le proprie abitudini. L'esempio più comune è quello di lavarsi i denti con la mano "debole", ossia la mano mancina per un soggetto che abitualmente utilizza la mano destra e viceversa. Questa semplice imposizione aiuta ad alterare la psiche e l'ego e, a lungo andare, può incidere persino sul meccanismo reazionario con il quale il corpo affronta l'ansia.

La seconda tecnica è invece più estrema e non sempre attuabile. Si tratta di imporsi di non parlare per un intero giorno, a meno che non vengano rivolte domande dirette. Questo genere di imposizione, che deriva da un atteggiamento adottato dai monaci tibetani, consente di traslare internamente il conflitto tra volontà e ansia, e di combatterlo secondo le proprie modalità e le proprie credenze. Naturalmente è importante esternare e manifestare le problematiche che affliggono le persone, specialmente durante i periodi più complicati, ma questo metodo può garantire un'alternativa valida ed efficace rispetto alle pratiche comuni.

L'idea con la quale è necessario addentrarsi in questa ottica è quella di immaginare la forza di volontà come un muscolo. Come tutti gli altri tessuti appartenenti a questa categoria, anche la forza di volontà dunque necessita di un allenamento costante, che consenta di incrementare la propria tenacia e il proprio carattere, specialmente quando è necessario affrontare i disturbi causati dallo stato d'ansia. Non allenare la propria forza di volontà significa perderne l'uso e la conseguenza principale è l'apertura totale delle difese psico-fisiche nei confronti dell'ansia.

3.3.1 – Quando l'amore è sinonimo di ansia

Talvolta la causa principale dei disturbi d'ansia può essere individuata all'interno dell'ambiente familiare. Un rapporto brusco, scontroso e, in generale, non armonioso con il proprio partner può indurre allo stato di malessere tipico dell'ansia, con la manifestazione di tutti i sintomi tipici di questo disturbo.

Naturalmente uno stato d'ansia di questo genere ha effetti peggiori rispetto all'ansia provocata da un evento stressante. Il rischio maggiore è quello di "abituarsi" all'ansia, sprofondando in un oblio caratterizzato da tutti i sintomi connessi al disturbo vissuti, paradossalmente, in maniera costante. In uno scenario così la forza di volontà diventa indispensabile. Non è possibile infatti adeguarsi all'ansia o addirittura assecondarla. Un rapporto di questo genere ha necessità di essere affrontato, al fine di sciogliere le incomprensioni e individuare i punti in comune sui quali basare il futuro insieme.

L'intensità dell'ansia che deriva da un rapporto passionale è, per quanto possibile, ancora più forte, proprio in quanto legata al sentimento per eccellenza che l'essere umano è in grado di provare, ossia l'amore.

Spesso queste relazioni vengono risolte grazie all'intervento di un terapeuta in grado di alimentare la volontà e di lenire le incomprensioni, stimolando la parte passionale.

Anche in questo l'ansia deve essere utilizzata come fonte energetica, in grado di capovolgere lo scenario: da una situazione con sfaccettature decisamente pessimistiche può sorgere un futuro colmo di passione e amore.

3.3.2 – Credere nel futuro

La forza di volontà può incidere in modo positivo anche sul proprio futuro. Un soggetto ansioso ha una visione negativa di ciò che potrebbe accadere e se essa è riferita all'accadimento di un evento, l'ansia non consente al soggetto afflitto di volgere il proprio sguardo oltre.

Il futuro dunque rappresenta un elemento unico ed estremo nella vita di un soggetto ansioso. Questo disturbo è in grado di alterare la visione della realtà, ingigantire le paure e incrementare le problematiche, inserendone talvolta di inesistenti e di impossibili. L'ansia relativa al futuro dipende in senso stretto dalle incognite legate all'inconsapevolezza di ciò che succederà. Sotto quest'ottica appare difficile apportare migliorie che possano riequilibrare l'organismo, riportando lo stato ansioso ad un livello regolare e pienamente gestibile.

In realtà è necessario adottare delle tecniche, anche di tipo meditativo, che riescano ad incrementare l'autostima. Avere la consapevolezza di ciò che si è in grado di fare e di affrontare consente di allontanare quasi totalmente l'ansia e di osservare il futuro non più con la paura dettata dall'impossibilità di anticiparlo, bensì con la capacità di affrontare qualsiasi cosa succeda. L'equilibrio psico-fisico può essere raggiunto grazie a delle tecniche in grado di rilassare il corpo e di incrementare la propria autostima e vengono definite tecniche bioenergetiche.

Lo scopo di queste pratiche è quello di connettere i tre elementi che compongono l'essere umano, ossia la mente, il fisico e l'ego. Alimentare energeticamente queste tre componenti consente di affrontare non solo il presente, ma anche il futuro con vigore fisico e spirituale, e con essi anche tutte le ansie che il tempo e le incognite comportano.

Il trattamento che garantisce la migliore efficacia nella cura contro l'ansia è quello di tipo psicoterapeutico. Lo scopo delle psicoterapie è quello di alleviare i sintomi causati dal disturbo ansioso e di risalire alla causa generatrice, in modo tale da ottenere un'azione diretta sul disturbo.

Il primo genere di trattamento psicoterapeutico che consente di superare gli stati di ansia prende il nome di terapia metacognitiva, nota anche con l'acronimo

MCT. Questo genere di terapia tratta le convinzioni possedute dal soggetto ansioso che interessano il rimuginio tipico del disturbo e agisce sugli aspetti psico-fisici coinvolti nella gestione dei pensieri.

Una seconda psicoterapia è invece rappresentata dalla cosiddetta CBT o terapia cognitiva standard. Anche in questo caso lo scopo è quello di ridurre i sintomi dell'ansia, ma le modalità differiscono dal primo trattamento, in quanto tentano di agire sull'ego del paziente. Lo scopo è quello di alimentare l'autostima e la consapevolezza delle proprie doti, al fine di fornire al soggetto tutte le armi che possano combattere l'ansia e formarlo su come utilizzarle.

Si tratta di due terapie diametralmente opposte ma che consentono di approcciare l'ansia in maniera decisamente efficace.

Conclusioni

Una volta individuate tutte le cause che possono causare disturbi d'ansia di lieve o di alta intensità e che agiscono sulla psiche di un soggetto, è possibile tentare di affrontare questi sintomi con lo scopo di sconfiggerla. In un certo senso è possibile immaginare l'ansia come un'anfora colma di energia negativa. Nel momento in cui il soggetto entra in contatto con la propria fobia, con i traumi subiti nel periodo infantile o quando tendono ad avvicinarsi gli eventi futuri che generano insofferenza ed inquietudine, l'anfora viene gradualmente svuotata e si assiste ad una liberazione di componenti energetici. Il soggetto ansioso deve perciò imparare a trasformare l'ansia da componente negativa in energia positiva.

In questo modo è possibile sfruttare tutti i componenti positivi derivanti da una liberazione improvvisa di energia per raggiungere i propri obiettivi: ad esempio sfruttando i disturbi ansiosi è possibile ottenere un incremento dell'autostima, ma anche superare i traumi e le paure, effettuare attività sportiva a livelli ottimali e soprattutto ridere.

Uno degli elemento che maggiormente incide sui disturbi ansiosi è invece la forza di volontà. Grazie ad essa è possibile fuoriuscire dal tunnel creato dall'ansia e affrontarla, grazie anche ad una consapevolezza nei propri mezzi sempre maggiore, che consente di ottimizzare il proprio benessere quotidiano. Una volta imparato a combattere l'ansia, diviene anche possibile pianificare obiettivamente il proprio futuro e capire quali sono le strade che effettivamente si intende percorrere nella propria vita.

Esistono, in ogni caso, dei trattamenti messi in atto da medici specializzati in questo ambito, che consentono di approcciarsi nella maniera corretta ai disturbi ansiosi. Grazie a queste terapie, che agiscono direttamente a livello psicologico, un soggetto intuisce come l'ansia opera a livello fisico e psichico e ottiene importanti informazioni sul come affrontarla, in modo tale da non dover più subire le conseguenze da essa provocate.